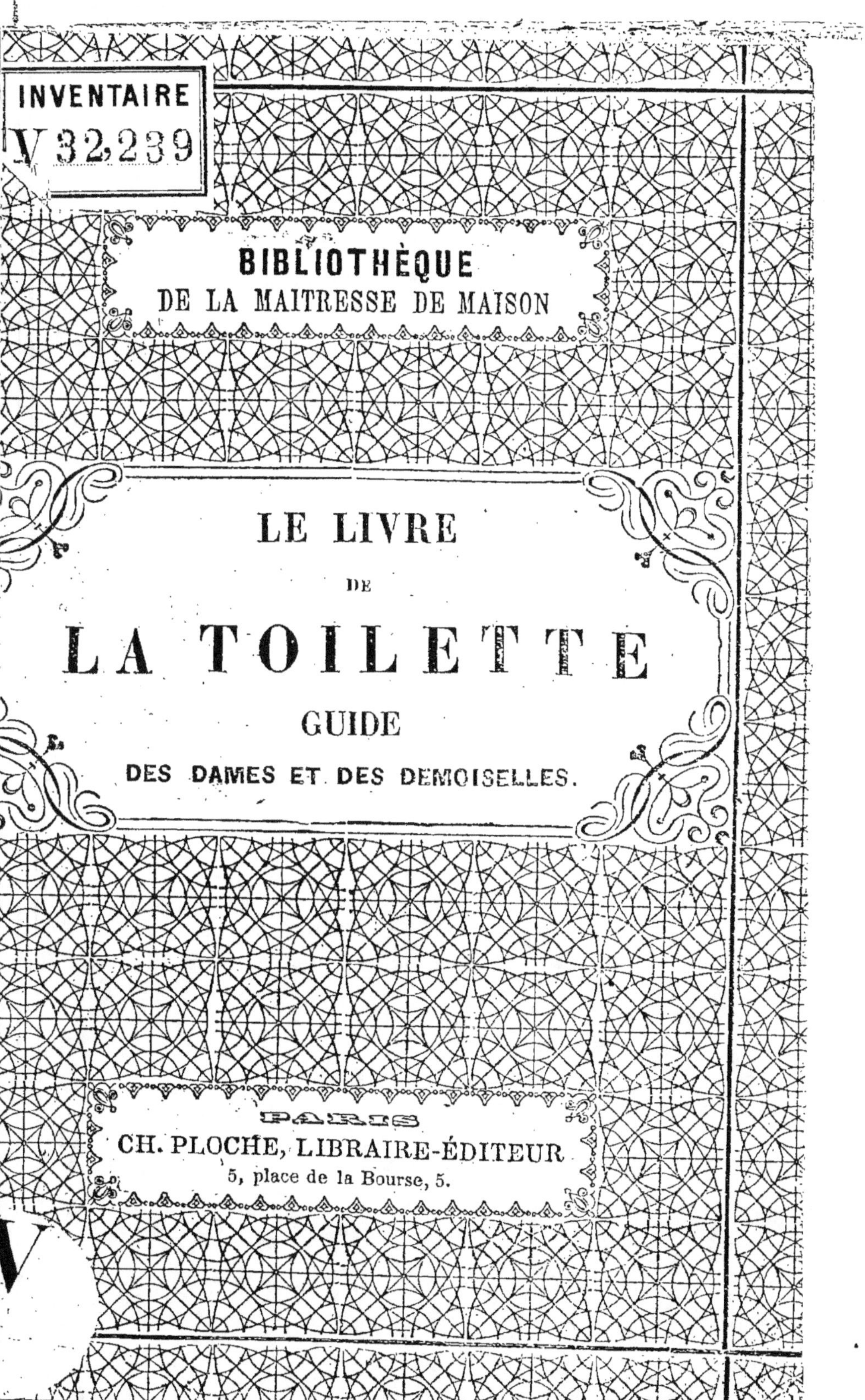

BIBLIOTHÈQUE
DE LA MAITRESSE DE MAISON

LE LIVRE

DE

LA TOILETTE

GUIDE

DES DAMES ET DES DEMOISELLES.

PARIS
CH. PLOCHE, LIBRAIRE-ÉDITEUR
5, place de la Bourse, 5.

LE LIVRE

DE LA TOILETTE

Paris.—Imprimerie Bonaventure et Ducessois,
55, quai des Grands-Augustins.

LE LIVRE

DE LA TOILETTE

GUIDE

DES DAMES ET DES DEMOISELLES

PAR

Mme LA Vesse DE RENNEVILLE.

PARIS

CH. PLOCHE, LIBRAIRE-ÉDITEUR

5, place de la Bourse.

1852

PRÉFACE.

A MES LECTRICES,

Ne pensez pas que ce soit un livre que je veuille écrire, je n'en ai ni l'esprit ni le talent, et toute ma science se borne à savoir causer chiffons et toilette. Cependant je trouve que je suis bien utile et bien importante, je dirai plus : « *indispensable* »; car la coquetterie est le plus gracieux roman que puisse faire une femme jeune et jolie, en ce sens que la coquetterie ne coûte jamais rien à son cœur, et rapporte toujours à son bonheur.

Pour moi, la coquetterie honnête est un lien mystérieux qui unit éternellement un jeune et heureux ménage. Une femme peut être sûre du cœur de son mari, tant qu'elle est sûre de sa beauté et de sa jeunesse. Pour cela, il ne faut jamais vieillir, ou vieillir avec intelligence. Je considère donc la toilette comme une chose très-morale et très-sérieuse, et c'est dans un but honorable que je publie ce petit Manuel, qu'il faut consulter comme un ami et non comme un visiteur. — L'ami a le droit d'être parfois ennuyeux, en raison des bons conseils qu'il donne ; le visiteur doit toujours être sémillant, gracieux, spirituel, pour ne pas déplaire et pour ne pas avoir la porte consignée. Si mon petit Manuel n'était pas considéré comme un ami véritable et dévoué, que deviendrait-il ?..... On lui bâillerait tout simplement au nez, et l'on ne se donnerait même pas la peine d'en retourner un ou deux feuillets. Voilà pourquoi, chères lectrices, je vous avertis que ce n'est pas un livre, mais bien un modeste petit recueil que je dédie à votre beauté et à votre grâce.

MANUEL

DE LA TOILETTE

I

DES SOINS INTIMES DE LA TOILETTE.

La toilette ne consiste pas, selon moi, à porter une robe d'un prix fabuleux, un chapeau à plumes et un cachemire des Indes. Sans doute le luxe donne un prestige immense à la femme élégante ; mais une femme peut encore être élégante et coquette avec une simple robe de jaconas, un chapeau de paille et un petit cachemire d'Écosse. La coquetterie savante se résume dans les soins intimes de la toilette, soins exceptionnels, qui doivent se répéter journellement, si l'on ne veut pas en détruire et annuler la puissance.

D'abord, en se couchant, une femme qui ne veut pas vieillir doit faire sa toilette comme si elle était à l'aube du jour. Elle doit lustrer et peigner sa chevelure, car la pommade mise le soir a mille fois plus d'action que la pommade employée le matin. Cela est facile à comprendre, en ce sens que la chaleur facilite l'introduction des préparations hygiéniques dans tous les pores du cuir chevelu. Quelques grandes coquettes, à l'exemple de *Ninon de Lenclos*, citée dans les Annales historiques, ne se lavaient jamais non plus le visage et les épaules que le soir. Cette femme célèbre prétendait que l'action de l'air brunissait énormément la peau, et qu'il suffisait seulement le matin d'humecter un linge de batiste avec une eau de senteur odorante, pour se rafraîchir et se parfumer la figure. Est-ce à ces précautions infinies que Ninon de Lenclos dut de rester si longtemps jeune et belle ?... Je connais bien des Ninons modernes qui n'ont pas vieilli, et qui ne vieilliront pas, parce qu'elles savent être coquettes. Elles n'emploient que de la parfumerie sanitaire et bienfaisante, et elles se méfient surtout de tous ces vinaigres miraculeux, produits du charlatanisme et de l'annonce, qui flétrissent et rident le teint, au lieu de le conserver frais et rose.

Une seule eau précieuse pour la beauté est *l'eau d'Albion*, inventée par un parfumeur-chimiste, *M. Gellé*. Cette eau rajeunit positivement, et c'est une véritable fontaine de Jouvence. Je recommanderai aussi le *cold-cream à la rose*, qui empêche le front de se rider et de se hâler aux rayons du soleil, ou par la bise glaciale.

Une femme ne saurait donc apporter trop de soins à sa toilette intime. Il y a mille secrets qu'elle connaît aussi bien que moi, et qu'il est inutile que je lui enseigne.

Je lui dirai seulement que les parfums ont une grande affinité d'élégance dans la toilette.

Il faut se défier des personnes qui se révoltent d'une manière absolue contre l'usage des parfums, car presque toujours elles sont maladives, ou le sens de l'élégance n'est pas complet chez elles. — L'absence des odeurs est une négation. Cette négation peut exister chez les esprits sérieux et graves, et chez les vieillards ; mais une jeune femme n'est pas jeune si elle n'aime pas les parfums, qui ne sont pas autre chose que l'ambroisie et le miel des fleurs.

Parmi les parfums, il y en a de doux, d'aromatiques, d'ambrés, qui ont, comme les fleurs, plus ou moins de degrés d'élégance. Il faut apporter dans le choix qu'on en fait le même tact et la même prescience que dans les différentes attributions de la toilette. Les parfums du boudoir ne sont pas les mêmes que ceux pour le bal. Puis il y a des parfums prohibés, tels que l'extrait de jasmin, qui sent toujours le coiffeur, et l'extrait de musc, la cuisinière. Plus une femme est élégante, plus elle emploie de parfums purs et doux ; la verveine, la mousseline, le gardénia, la clématite, le portugal, le lilas et la violette, sont les extraits favoris et recherchés des femmes du monde.

Pour le bal, quelques grandes dames se servent de parfums composés ; mais plusieurs coquettes sont citées pour n'avoir jamais qu'un seul et unique parfum. A mon avis, c'est de la haute coquetterie, car les vêtements et la personne s'identifient pour ainsi dire avec le parfum, et femme et parfum ne forment plus qu'une fleur.

I I

DE L'ÉLÉGANCE PROPREMENT DITE, ET DE L'ÉLÉGANCE RELATIVE.

Qu'est-ce que l'élégance?... est-ce un don qui s'acquiert comme l'éducation ; et une femme ordinaire peut-elle devenir élégante ? Si les femmes étaient toutes égales, elles auraient la distinction de Rachel, la voix de Sophie Cruvelli, la beauté de madame la comtesse de Murat, et le sourire doux et candide de Marie Ducrest, qui gazouille dans les salons comme *Sophie Cruvelli* gazouille au Théâtre-Italien. L'élégance est innée. Cela est si vrai, qu'on rencontre souvent de pauvres jeunes filles qui étaient nées pour être duchesses, et que leur condition obscure et infime place tout misérablement dans la domesticité ou dans la classe ouvrière, tandis que de grandes dames traînées dans des calèches à quatre chevaux auraient mille fois mieux été à leur place.

Il en résulte donc qu'une femme naît jolie femme, comme elle naît élégante, mais sans beauté réelle et parfaite de corps et de visage. L'élégance est de la métaphysique, et une femme peut se passer plutôt d'être belle que d'être élégante.

Cependant l'élégance est relative à toutes les classes de la société. L'élégance de la modeste ouvrière et de la jolie bourgeoise n'a aucun rapport avec l'élégance de la duchesse ou de la marquise.

Ce qui sied admirablement à l'une ou à l'autre serait profondément ridicule dans un milieu hors de sa position sociale.

L'élégance consiste dans les manières, dans *un je ne sais quoi* qu'il est impossible de définir, mais qui captive et qui charme.

La femme véritablement élégante est aussi ravissante à dix heures du matin, en peignoir et en petit bonnet de dentelle, que le soir en robe à volants et en coiffure de fleurs.

L'élégance tient plus au caractère qu'à l'esprit. La femme bas-bleu est rarement élégante, parce qu'elle veut toujours trop briller, ou par son langage, ou par sa toilette et sa tenue, et que l'élégance véritable s'ignore elle-même. Elle n'est ni empruntée, ni fardée, ni étudiée, ni excentrique, ni originale, ni fantasque, ni burlesque.

Il y a des femmes qui prennent l'originalité pour de la suprême élégance, et elles tombent sans le vouloir et sans le savoir dans le ridicule. Or, le ridicule s'affuble de tout ce qui chatouille l'amour-propre ou la vanité.

Ce qui a presque tué l'élégance en France, c'est l'uniformité des toilettes et des mises. Chaque classe de la société rougit de ce qu'elle est, et il règne une confusion inintelligente et déplorable aussi bien dans les idées que dans les choses. Le progrès nous a donné, dans nos mœurs et dans nos costumes actuels, le paletot et la redingote, sans compter le chapeau de feutre ou de soie noire, dont les hommes prétendent se coiffer. Encore nous avons été épargnées, nous autres femmes, par le vandalisme uniformitaire ! Dieu merci, la fantaisie et le caprice nous ont conservé le goût, qui se change et se renouvelle sans cesse, de manière à ne pas devenir fastidieux et insipide. Pour bien définir l'élégance, de laquelle dépend tout le Manuel de la toilette, je vais classifier les différentes attributions de la toilette féminine : La toilette de nuit ne doit pas être la même que la toilette au sortir du lit, de même que la toilette avec laquelle on se lève ne doit avoir aucun rapport avec la toilette du boudoir, la toilette de promenade, la toilette de grand dîner, la toilette de concert et la toilette de bal ou de soirée.

A chacune de ces toilettes j'accorderai un chapitre spécial, de même que je causerai longuement de tout ce qui constitue la toilette et peut l'embellir.

III

DE LA TOILETTE DE NUIT.

Une femme qui a le tact de la coquetterie sait se rendre jolie, même en dormant. Pour cela, il faut peu de chose. Ne pas s'affubler !...

Je connais de très-jolies jeunes femmes qui n'hésitent pas à s'envelopper la tête, comme le ferait un vieux garçon célibataire, perclus de rhumatismes et de goutte. Elles se disent, en commettant une semblable hérésie d'élégance : « Qui me verra ?..... » Si j'écrivais la physiologie de la coquetterie, plutôt que le manuel de la toilette, je dirais quelles conséquences funestes peut avoir pour l'intimité conjugale un bonnet de nuit plus ou moins joli. Un bonnet n'a pas besoin d'être en valenciennes, et décoré de rubans, pour être mutin et charmant. Ce qu'il lui faut, c'est une coupe jeune et séyante, qui encadre la figure sans la vieillir ni la défigurer. A cela, quelques dames me diront, que l'hiver il fait froid. Mais l'hiver n'a-t-on pas le bonnet recouvert d'une petite fanchon, c'est-à-dire un double bonnet? puis, je ne parle pas toilette à ces pauvres femmes exposées à l'intempérie des saisons, et qui n'ont de la femme que le nom. A ces malheureuses déshéritées, pour lesquelles les heureuses de la terre ne sauraient trop faire de bien et d'aumônes, il est tout permis; mais il n'en est pas de même pour les jolies femmes qui me lisent : il faut qu'elles soient coquettes, même en dormant; et voici deux délicieux petits bonnets de nuit que je leur conseille : l'un en mousseline brodée, formant une fanchon composée de trois volants, avec bavolet légèrement tuyauté, et papillon de mousseline, voltigeant autour de la petite fanchon; sous ce papillon de mousseline coquille une riche valenciennes. La dentelle doit toujours être près du visage, parce qu'elle a plus de vaporeux et de poésie que la mousseline. On peut, suivant le caprice et le goût, poser des nœuds de taffetas de nuance douce et tendre. Ces nœuds sont en touffes, ou bien en simple boucles retombant en deux bouts flottants.

L'autre bonnet consiste dans des entre-deux de broderie anglaise et de valenciennes, posés en traverses et sur lesquelles retombent deux volants, moitié broderie, moitié valenciennes. Les bonnets ronds sont toujours plus séyants que les bonnets dont les brides tiennent à la passe. Ce que je trouve encore de très-coquet, ce sont de petits bonnets de couleur, en jaconas à fleurettes, avec ruche à la vieille, reproduite en jaconas et encadrée d'une toute petite valenciennes.

La camisole est complétement détrônée. Qui oserait, en l'an de grâce de la présidence, porter une camisole?...

Une camisole est une chose qu'on ne peut pas avouer, et qui est tout à fait tombée dans le domaine *des bonnes femmes*. Une jeune femme qui dirait qu'elle met une camisole, avec un jupon blanc, comme déshabillé du matin, aurait l'air de revenir du temps de ma *Tante Aurore*. Pour vêtement de nuit il y a le *surtout*, et la chemise longue et à manches, avec jabot de volants de broderie anglaise, et petits plis froncés régulièrement dans l'épaulette. Ces chemises de nuit subissent tous les degrés d'élégance et de richesse. Il y en a qui ont jusqu'à des entre-deux doubles dans lesquels on passe un ruban qui sert de transparent à une broderie à jour.

La taie d'oreiller et les draps sont une des conséquences de la toilette de nuit.

Les heureuses de la terre ont des taies d'oreiller écussonnées et brodées avec leur blason, et elles reposent sur leur vanité; d'autres les encadrent avec de la guipure de Venise, avec de la valenciennes, ou bien encore avec un petit volant de broderie anglaise, ou bien avec une dentelle au crochet.

Le crochet et le tricot font des garnitures délicieuses et peu coûteuses, que je recommande aux positions modestes.

Comme chaussure de nuit, il ne faut pas employer la pantoufle, mais bien une petite mule. La petite mule se fait presque toujours en velours brodé d'or et de soie de couleur, et se double de satin ; on peut remplacer le velours par du cachemire brodé avec de la soutache d'or, ou avec une broderie d'application de velours de couleur.

Le surtout de nuit est une sorte de petit paletot, avec ou sans capuchon. Le capuchon est une rénovation de la mode d'autrefois. Je le trouve aussi gracieux que commode ; et la nuit, un petit capuchon qui rabat sur la tête me semble devoir protéger à la fois et les épaules et le visage. La toilette de nuit est la première de toutes les toilettes. Les femmes qui la traitent avec indifférence et dédain ne sont pas des femmes élégantes ni coquettes.

Une très-jolie femme qui ne se mettait jamais au lit sans une toilette irréprochable de fraîcheur et de bon goût prétendait que si le feu prenait dans sa maison, elle serait sauvée une des premières.

Elle avait raison, l'élégance attire toujours.

A cela on me dira que je deviens utopiste et presque dangereuse, en conseillant aux femmes de sacrifier tous leurs loisirs à la coquetterie. Si une femme montre qu'elle est coquette, je la considère comme une femme perdue. Il faut qu'elle soit coquette, comme une femme est jolie et bonne, en n'ayant pas l'air de s'en apercevoir.

IV

DE LA TOILETTE DU MATIN.

La toilette du matin est une toilette qui tient encore plus du talent de la lingère que de celui de la couturière. Elle consiste toujours en un peignoir blanc, soit brodé, soit garni de volants simplement ourlés ; au peignoir blanc, qui n'est de mise exclusive que pour les femmes riches, succède dans des conditions plus ordinaires, le coquet peignoir en jaconas à fleurettes. Je ne comprends ces peignoirs, soit rose, soit lilas, soit bleu, avec profusion de petits bouquets fleuris, qu'ornés et décorés de volants ou de ruches à la vieille. Le peignoir ne doit jamais ressembler à une robe. Il faut qu'il soit ample, sans façon, sans cérémonie, et surtout qu'il déshabille une femme en l'habillant avec un art presque naturel.

Dans notre règne de caprices et de fantaisies, la toilette de lever s'est divisée en plusieurs catégories. Il y a le déshabillé grand'mère, un déshabillé composé d'une espèce de caraco ample et montant, tout coquillé de petits volants, et fermé sur la poitrine avec une rangée de nœuds de rubans. Ce caraco se met avec un jupon à falbalas, c'est-à-dire un jupon ayant des volants, remontant jusqu'à la hauteur de celui du caraco. C'est un pastiche élégant et coquet des camisoles et des jupons, et par cela même que c'est un pastiche, je préfère de beaucoup au déshabillé grand'mère le peignoir à plis larges et flottants.

A la bonne heure, le peignoir est franc et sincère. Je n'aime pas plus les costumes que les gens qui ne sont pas dans leur rôle, et le peignoir qui se donne des airs de caraco et de veste me fait l'effet d'une cuisinière endimanchée, sortant à la dérobée avec le chapeau de sa maîtresse.

Avec le déshabillé il ne faut pas de corset. Qu'il s'appelle *nonchalant, paresseux*, qu'il ait une certaine quantité de baleines en caoutchouc, au lieu de les avoir en cuir, peu m'importe...

Le déshabillé est guindé du moment qu'il ne peut pas se passer de corset.

Le peignoir au contraire dissimule les formes du corps, tout en le drapant avec une chasteté élégante. Il lui permet d'avoir un dos plat et légèrement busqué, bien que le dos plissé soit plus en harmonie avec les plis partant des épaules. Mais ce que je ne puis lui passer, c'est d'avoir des devants ajustés et maintenus en dessous de la taille, par une coulisse qu'on serre et qu'on desserre à volonté.

Il y a des femmes qui prétendent qu'un peignoir coulissé ainsi ressemble à une robe. A ces femmes sans goût et sans tact, je dirai : « *Portez une robe,* » mais n'estropiez pas le peignoir.

Voici un très-joli modèle de peignoir, désigné sous le nom de peignoir *à la Ninon*, par les femmes les plus à la mode, et que je recommande aux plus gracieuses de mes lectrices. Ce peignoir se fait en belle batiste de Lille, ou en mousseline des Indes. Le corsage est montant et froncé, retenu sur les épaules par un petit poignet brodé, laissant retomber des plis qui flottent à volonté, ou qui se trouvent maintenus par une ceinture de ruban qu'on noue négligemment autour de la taille. Le haut du corsage est garni avec un petit col brodé, se rabattant sur la poitrine en revers brodés et se continuant par devant sur la jupe dans toute la hauteur du peignoir. Les revers sont excessivement larges vers le bas, et vont graduellement en s'amincissant vers le haut du corsage.

Les manches très-larges ont également des revers de broderie.

Je connais quelques merveilleuses qui font de ce peignoir une toilette du matin, comme je connais aussi quelques jeunes femmes charmantes qui en font une toilette de salon et d'après-midi.

Le peignoir sans cérémonie est en étoffe anglaise, en basin, en nansouk uni, ou bien en jaconas de couleur. Il est froncé par derrière avec des coulisses, tandis que le devant est flottant. J'aime assez à ces sortes de peignoirs deux ou trois volants, ayant une petite tête ruchée. Pour que les volants aient une certaine élégance, il faut qu'ils remontent en s'arrondissant de chaque côté de l'ouverture du peignoir.

Maintenant sur le peignoir on jette, si l'on est à la campagne et que l'on veuille descendre au jardin, un petite mante bretonne en taffetas noir, avec capuchon décoré d'un nœud de velours noir. Cette petite mante froncée à l'encolure et décrivant, par conséquent, une espèce de rotonde tuyautée, n'a pour tout ornement qu'un simple ruban plissé.

Pour promenade matinale la capelline en paille lisse et veinée noir et paille, ou bien en paille de fantaisie à jour, est mille fois préférable au petit bonnet et à la coiffure de dentelle.

Mais en attendant les soins de la toilette et pour coiffure d'intérieur, c'est le petit bonnet rond avec volants de valenciennes et flots de rubans qui convient le mieux au peignoir.

Pour chaussure rien n'est frais et charmant comme la pantoufle qui a pris le nom de *Cendrillon*, en raison de sa grâce mignonne.

La pantoufle, selon son élégance, se garde toute la journée, même avec une toilette de réception ou de grand dîner. Les plus jolies sont en taffetas bleu, blanc ou rose, brodées de petites perles blanches, et encadrées de dentelle ruchée. Il va sans dire que des pantoufles aussi luxueuses ne peuvent pas dépasser les limites du salon ni de la chambre à coucher. Comme pantoufles ayant encore un cachet exceptionnel, j'en ai vu en dentelle d'aloès, doublée de transparent de couleur avec ruche à la vieille, moitié dentelle, moitié ruban. D'autres pantoufles plus simples sont en peau anglaise en toute nuance, soit claire, soit foncée. Quelques-unes ont des talons, d'autres des bouffantes de rubans; d'autres des nœuds, maintenus par un bouton de bijouterie, ou par une boucle. Le caprice régit seul les pantoufles, et c'est ce qui fait sans doute qu'elles sont si variées et si jolies.

Pour l'hiver, le peignoir se transforme en cachemire ou en soie doublée et ouatée, de même que les pantoufles d'aloès et de taffetas se métamorphosent en pantoufles de velours.

Je conseille même à toute jeune femme d'avoir, pendant la saison d'été, un peignoir de cachemire des Indes ou de cachemire d'Ecosse, légèrement doublée de soie éclatante. Je me souviens d'un peignoir en cachemire des Indes fond pourpre, avec dessins orientaux et doublure de soie verte, qui était d'un éblouissant effet sur un jupon ayant dix volants de jaconas brodé au plumetis, séparés chacun par un entre-deux de petits plis piqués. Ce peignoir avait un capuchon taillé en pèlerine. Un riche gland turc le décorait. Une cordelière assortie au gland du capuchon entourait la taille, et à chaque manche retombait une petite cordelière avec glands.

Tout en décrivant la toilette du saut du lit, j'ai parlé aussi de la toilette de premier déjeuner.

Quelques jeunes femmes s'habillent même avec un joli peignoir, et restent toute la journée en déshabillé galant, sans songer que la critique y trouve à redire.

La critique n'a pas tort.

Je n'admets le peignoir que jusqu'à midi. Après cette heure je trouve qu'une femme, quelle que soit sa position, doit être lacée, coiffée et habillée. Je ne lui passe que la pantoufle, parce que la pantoufle actuelle maintient le pied sans le comprimer.

Une femme est mal vue et mal jugée lorsqu'elle reçoit en peignoir les visites qui lui arrivent.

Les Parisiennes abusent un peu trop du peignoir, et c'est une supériorité qu'ont les dames de province sur elles. On les surprend rarement à leur toilette, et elles savent s'habiller à temps et à propos.

Ce qui joue surtout un grand rôle dans la toilette du matin, ce sont les mille et mille secrets de la coquetterie intime.

L'art doit aider à la nature et même suppléer très-souvent aux dons qu'elle a refusés.

Presque toutes les femmes ont un petit secret, qu'elles n'avouent jamais; c'est une sorte de pudeur que je respecte et que je suis loin de blâmer ou de ridiculiser.

Loin de là, je vais leur révéler quelques petits mystères.

Pour avoir des yeux d'Orientales, les Parisiennes emploient depuis quelque temps une poudre noire, qui se vend dans la parfumerie sous le nom de recette arménienne ou de noir d'Egypte. On place cette poudre au bord des paupières, de manière à colorer légèrement les cils. Cette petite poudre donne au regard une expression étrange de douceur et de vivacité tout à la fois. Il y a des yeux auxquels le noir d'Egypte va très-mal, et qui sont plus jolis en conservant leur expression naturelle.

Je crois que les yeux langoureux ont besoin du concours de la recette arménienne, mais que les yeux spirituels et éveillés peuvent parfaitement s'en passer.

Le rouge semble avoir pris de nouveau droit de conquête dans la mode.

Quelques grandes coquettes se fardent, mais avec tant de talent que je leur pardonne le rouge qu'elles se mettent, d'autant mieux qu'il faut un œil féminin et expérimenté pour s'en apercevoir.

Si je soutiens ce qu'on appelle communément

le fard, je vais, bien sûr, me créer des inimitiés et des querelles.

Eh! bien, je ne déclare pas la guerre au rouge, je veux dire au carmin et au rose de Chine.

Voyons, raisonnons un peu, consciencieusement et loyalement. Une jeune femme est frêle et chétive, tranchons le mot, maigre, horriblement maigre : que fait-elle?... Elle cherche à dissimuler sa maigreur et à se donner un embonpoint postiche. Toutes ses amies savent qu'elle est mince et fluette, car il a suffi d'une seule pour répandre cette bienveillante nouvelle; mais on l'accepte avec ses jupons à côtes, sa tournure de crinoline et son corset matelassé.

Autre exemple : Presque toutes les femmes portent actuellement des faux cheveux. D'abord, les coiffures volumineuses d'aujourd'hui l'exigent. Peu de chevelures pourraient résister à des torsades ou à des nattes qui s'enroulent sept à huit fois l'une après l'autre autour de la tête. C'est la seule chose qu'une femme avoue davantage, en ajoutant : « J'ai « les cheveux très-épais, mais excessivement courts. « On vient de me les couper tout dernièrement. »

— Ah ! mesdames, pourquoi mentir !...

— Pourquoi ?...

— Parce que la société nous y force, et que le monde ne croit qu'aux mensonges.

— Mettez donc du noir d'Égypte, mettez de la crinoline, mettez des faux cheveux, mettez du rouge, mais enfermez toute cette beauté factice dans un cabinet plus mystérieux que le cabinet de Barbe-Bleue, et ne le dites jamais, dût-on même vous surprendre les preuves en main.

Je sais aussi par quel moyen les merveilleuses obtiennent leurs bandeaux bouffants.

Pendant quelque temps on a employé des peignes d'écaille ou de buffle, renversés sur eux-mêmes, qu'on plaçait sous le bandeau pour le soutenir.

Ces peignes avaient un grand inconvénient. Ils n'avaient aucune solidité, et ils retombaient très-souvent, soit en dansant, soit en marchant.

Un jeune coiffeur qui a obtenu le premier prix de coiffure, il y a environ deux ans, *M. Eugène Mainnier*, a imaginé des bandeaux qui portent son nom, et qui reproduisent des bandeaux splendides.

Les bandeaux *Mainnier* sont tout simplement des bandeaux de cheveux montés sur un petit peigne. Pour les placer, rien n'est plus commode. Il suffit de séparer les cheveux en deux parties égales, et de prendre au milieu de ces deux parties une petite mèche de cheveux qu'on natte très-serrée. Au-dessus de cette mèche on assujettit le bandeau-Mainnier, et le peigne ne glisse pas de la journée. On comprend que le bandeau, se trouvant juste au milieu, il suffit de rabattre la première partie des cheveux pour obtenir un bandeau bouffant, sans avoir été crêpé. Ne par crêper ses cheveux est un moyen infaillible de les conserver, et c'est ce qui assurera positivement la vogue des bandeaux-Mainnier.

Comme je ne veux pas être complaisante à demi, je vais vous donner l'adresse de *M. Eugène Mainnier*. Il demeure rue du Faubourg-Montmartre, 25. Il a du talent, beaucoup de talent. S'il continue, ce sera un nouveau Mariton.

Puisque j'en suis à parler coiffures, je ne saurais

trop dire aux jeunes femmes qui me lisent que la plus jolie coiffure est celle qui sied le mieux à leur physionomie.

Pour se coiffer en cheveux relevés à la Marie Stuart ou à la Pompadour, il faut un visage jeune et gracieux, bien pur, bien correct. A la mine éveillée convient la coiffure à petites bouclettes, de même que les bandeaux bouffants vont presque à toutes les physionomies qui sont ordinaires. Bien que je proclame et que je soutienne la mode, je ne la trouve cependant pas exclusive.

C'est pourquoi je dis à mes lectrices : « Consultez votre miroir, avant de consulter la mode. »

V

DE LA TOILETTE DE SALON.

Qu'est-ce que la toilette de salon?... Est-ce un déshabillé, est-ce une véritable toilette ?... C'est l'un et l'autre. Cependant le déshabillé ne peut pas se donner des airs de sans-gêne ni de négligé. Il peut viser à l'élégie et à l'églogue, mais il faut qu'il ait toujours le cachet sérieux et convenable du poëme épique.

Les jeunes femmes ont adopté pour toilette de salon le gilet, la veste et la jupe. Elles s'habillent tout simplement en hommes, pour mieux jouer à la femme. La veste et le gilet ont une certaine allure, et c'est pour cela que cette actualité ne sied pas à tout le monde.

Pour qu'une veste et qu'un gilet soient irréprochables, il faut avoir non pas une jolie taille, mais une taille svelte et mignonne. Une taille peut être très-jolie et être un peu forte. Le gilet exige donc une taille mince. De là, je conclus que jusqu'à l'âge de trente ans, une femme peut se mettre en gilet et en veste.

Les vestes d'été se font en piqué blanc, en taffetas ou en moire. Je ne sais si je dois trop longtemps m'étendre sur cet article, car il ne durera peut-être qu'une saison.

Aussi mon petit Manuel de Toilette devrait-il plutôt traiter de l'ensemble de la coquetterie que de la coquetterie prise individuellement.

Mais qu'importe ?...

Mon petit livre ne vivra sans doute pas plus long-temps qu'un caprice....

Les gilets et les vestes sont fort bien en cour. Pourquoi leur ferais-je la grimace ?...

Avec les vestes de piqué, de moire ou de taffetas, on porte des jupes de soie, de barége ou de tarlatane à volants.

Nécessairement le gilet tranche de nuance avec la veste et avec la jupe, et il en résulte une toilette originale.

L'originalité est prise pour le goût. Personne n'ose se récrier contre ses extravagances, et tout le monde, au contraire, les accepte. Si cela continue, l'originalité tombera dans le burlesque.

Comme principe, la toilette de salon est plus claire et plus diaphane que la toilette de promenade.

Une femme élégante, si elle est mince et jolie, doit, selon moi, adopter le blanc.

Notez, je vous prie, lectrices auxquelles je m'adresse, que nous sommes dans la saison des fleurs, et que le ciel est bleu et le soleil éblouissant.

Donc, j'aime une jolie femme en robe blanche.

La robe blanche se divise en deux catégories : la robe blanche ayant une veste et un gilet de dentelle, et la robe blanche ayant un corsage décolleté, avec un fichu *à la Charlotte Corday*, ou un canezou à basquines.

La robe blanche, avec veste et petit gilet, se fait de cette manière :

La veste est en mousseline doublée de taffetas blanc ou de taffetas de couleur. Prenons la nuance rose ; elle sied aux brunes et aux blondes, quand brunes et blondes sont fraîches et jeunes. La veste est donc doublée de taffetas rose, avec garniture de deux volants de mousseline brodée. Lorsque la petite veste a des arabesques ou une guirlande de broderie, on la décore avec deux rangs de riche valenciennes. Le gilet se fait en tulle orné d'une dentelle à deux picots, ruchée à la vieille, et sous laquelle on passe un ruban rose. Ce petit gilet a de petites basques arrondies, avec ruche de dentelle, simulant les goussets. Quant à la jupe, elle est toujours à volants. Je ne comprends pas la robe blanche sans garniture. Chaque volant doit être brodé richement et décrire des ondulations, soit rondes, soit aiguës.

La robe blanche ayant un corsage décolleté exige également une jupe à volants. Ce qui est très-élégant, c'est de poser au-dessus de chaque volant une guirlande de marguerites en ruban ombré. L'ombré est très à la mode. C'est une actualité qui vivra ce que vivent les actualités... une saison, pas davantage !... Le corsage décolleté a des plis partant d'un entre-deux brodé, et de petites épaulettes carrées. Une ceinture de ruban à bouts flottants donne à ce corsage une poésie adorable, surtout quand il est orné d'un fichu à la Charlotte Corday, soit en dentelle, soit en mousseline.

Ce fichu est rond par derrière, légèrement entr'ouvert par devant, et il se noue autour de la taille, au-dessus de la ceinture : c'est très-jeune et très-coquet.

Le salon est pour ainsi dire l'ami du caprice et de la fantaisie. Il accueille tout... il permet tout... Aussi les toilettes de salon sont-elles indescriptibles.

La femme réellement coquette ne s'habille que pour ses amis, ou pour le bal, le concert et le théâtre. Elle traite la toilette de promenade très-légèrement, à moins qu'elle ne soit en équipage. Mais pour aller à pied, elle trouve qu'il n'y a que des déesses, et non des femmes honnêtes, qui puissent s'habiller.

A-t-elle tort, a-t-elle raison ?

Moi je trouve qu'elle a raison, et que le bitume des boulevards ne peut entrer en concurrence avec les tentures de soie, et le demi-jour parfumé du salon d'une petite maîtresse.

VI

DE LA TOILETTE DE PROMENADE.

La toilette de promenade doit toujours être riche, mais d'une simplicité élégante.

Une femme savante dans l'art de s'habiller doit consulter le temps pour mettre sa toilette en rapport avec lui. Le soleil aime le barége, la gaze de soie et l'organdi peint; mais le ciel brumeux est loin de s'entendre avec les fleurs, les marabouts et les nuances douces et claires. Il est bien davantage en harmonie avec une robe de foulard, une robe de taffetas marron ou bleu de France, avec un manteau et un chapeau de paille décoré de rubans.

La robe à volants me paraît aussi profondément ridicule dans les rues boueuses et étroites.

Le volant comporte toujours un cachet d'élégance qui se transforme en cachet compromettant, du moment qu'il descend de son piédestal.

Puis, il existe certaines natures féminines auxquelles le volant est défendu, de même que le cachemire long et le chapeau à plumes. Ne porte pas une robe à volants qui veut, encore moins un cachemire long et un chapeau à plumes.

Le cachemire long demande une certaine étude artistique.

Si toutes les femmes savaient se draper et s'envelopper comme Rachel, la confection ne serait jamais devenue la rivale du cachemire.

Quant au chapeau à plumes, Dieu sait ce qu'il

existe encore de marquises d'Escarbagnas, et com-
bien Molière aurait à faire s'il venait tout d'un
coup rendre visite à notre dix-neuvième siècle !

Que de ridicules ! que de prétentions absurdes
et impossibles !....

Tout le mal ne doit pas pourtant retomber sur
la vanité des femmes.

Quelques-unes s'en rapportent à des couturières
et à des modistes, qui font absolument sur leur
beauté des tentatives de coquetterie, et je ne peux
mieux les comparer qu'aux médecins tuant leur
malade au profit de la science.

Avant de s'en rapporter à sa couturière, il faut
qu'une femme ait le courage de se juger telle qu'elle
est, et non pas de se voir dans la robe ou dans le
chapeau d'une de ses amies.

Ce qui sied à ravir à madame une telle va souvent très-mal à madame ***

Pourquoi ?

—Parce que madame une telle a les conditions
d'élégance exigées par sa toilette, tandis que madame *** est tout bonnement une femme ordinaire.

Or, une femme ordinaire doit s'habiller ordinai-
rement ; moins elle forcera sa nature, plus elle deviendra convenable, gracieuse, je dirai plus, jolie.

La beauté ne tient pas toujours à la forme ni à
une perfection positive.

Une femme passe pour être jolie alors que rien
ne heurte ni ne choque dans sa toilette, dans ses
manières, dans son langage, ni dans sa figure.

Que de femmes savent se rendre jolies, et qui ont
cependant plus d'une imperfection physique !...

Cela tient à la façon dont elles se coiffent, dont

elles s'habillent, dont elles parlent, dont elles marchent.

Une figure mutine et rieuse ne peut pas parler avec nonchalance ni sentiment. Il faut que son esprit soit vif et brillant comme ses yeux, pour que ses yeux attirent et charment.

Si toute femme voulait, même la femme passable, elle parviendrait à être une femme charmante.

Quelque beau jour, j'écrirai sans doute le *Code de la Coquetterie*, code complet et précieux qu'on pourra consulter à coup sûr, pour savoir à quoi tient la beauté, et ce qu'il faut faire pour l'acquérir.

Pour revenir à la toilette de promenade, je dis donc qu'il y a des femmes qui s'habillent pour sortir, tandis qu'il y en a d'autres qui se déshabillent.

Je ne saurais trop recommander aux jeunes femmes qui sortent seules une mise décente et très-simple, ne visant ni à l'effet ni à l'originalité, parce que nous vivons dans une époque où la jeunesse, à force d'être galante, est de la dernière incivilité. Du moment qu'un flaneur (et le nombre en est grand) aperçoit une jolie femme en toilette un peu pimpante, il arrive impertinemment lui lancer une bouffée de cigare dans son chapeau, en lui jetant une œillade, et en lui disant une impertinence, qui passe pour un compliment. Le flaneur du boulevard est exactement comme le papillon de nuit: il ne se brûle qu'à la lumière. Une duchesse passera près de lui, une véritable duchesse, entendons-nous, duchesse depuis le bout de ses petits doigts roses et effilés, jusqu'à son pied d'enfant, eh bien, il la laissera passer sans même lui accorder un regard d'admiration, du moment que la duchesse aura une mise élégante sans aucune recherche. Mais s'il aperçoit une beauté hasardée, traînant une robe à volants, en queue d'étoile filante, ayant un chapeau ressemblant à un buisson de fleurs, ou un châle brodé avec les rayons du soleil, vite mon flaneur se dandine avec grâce, il retrousse sa moustache cirée, en carquois d'amour ; il prend un air ou sentimental ou casseur, et il débusque la belle dame, en conquérant qui n'a pas besoin de forcer une citadelle.

Le flaneur parisien est la plus sotte race que je sache, et c'est pour cela que je conseille à mes lectrices de s'en préserver comme d'un insecte importun et ennuyeux.

Voilà comment la femme qui sort toute seule doit s'habiller : En robe de nuance foncée, à volants, ou simplement avec une garniture de ruban froncé à la vieille, sur le devant de la jupe ; avec une petite mante de taffetas noir, bordée de volants de dentelle ou d'effilés, et avec un chapeau de paille d'Italie, n'ayant autour de la calotte qu'un beau ruban retombant en longues brides.

Le mouchoir est une des grandes conséquences intimes de la toilette.

Le mouchoir de promenade ne peut pas ressembler au mouchoir destiné pour le théâtre ou pour le bal. Il peut être très-richement brodé, mais il ne faut pas qu'il soit en dentelle. Le vaporeux du point d'Angleterre ou du point de Bruxelles convient aux toilettes de gaze ou de tulle. La valenciennes et la broderie s'harmonisent mieux avec la toilette de ville. Les mouchoirs se portent indifféremment ronds ou carrés.

Parmi les nouveautés à l'ordre du jour, je citerai :

Le mouchoir *printemps*, un mouchoir digne de son nom, car il est frais et riant, tout brodé qu'il est de petites fleurettes en laine de couleur.

Le mouchoir *tourment*, ainsi nommé, parce que sur un petit ourlet à jour serpente et se tourmente un dessin en point de brides à jour.

Le mouchoir *bon ton*, n'ayant qu'un simple ourlet, mais un ourlet à jour.

Le mouchoir *mandarine* à grandes dents chinoises, brodées de feuillages exotiques en relief.

Le mouchoir *galathée* avec riches bouquets de fleurs, reproduits en points variés, tels que le point d'arme, le point de plume et le point de plumetis.

Le mouchoir *mosaïque*, représentant une mosaïque de broderie.

Le mouchoir *médaillon*, ayant de coquets médaillons n'ayant entre eux aucune ressemblance.

La variété des mouchoirs est tellement grande, que la description en est impossible.

Le mouchoir n'est plus ce qu'il était autrefois, et il a suivi, comme chaque article de la toilette, l'impulsion de la fantaisie.

Ce qui est à la mode, à l'heure où j'écris ce Manuel, ne le sera peut-être plus quand il parviendra au terme de son voyage.

Ainsi le *pompadour* soutient une dernière lutte avec le style *empire*.

On a beau se récrier contre la mesquinerie des toilettes du temps de l'Empire, toutes les couturières veulent en essayer, et il faut vraiment batailler et discuter pour obtenir une taille longue.

Il en résulte donc que les corsages se font actuellement à taille ronde, sans être busquée. Il y a des tailles qui s'accommodent de tout, mais il y en a d'autres auxquelles les tailles courtes ne conviennent nullement.

Ce qui sied bien, c'est le chapeau, et comme il est du ressort de la toilette de promenade, je vais en dire quelques mots.

Le chapeau se porte très-évasé et découvrant bien la figure. En n'exagérant pas trop cette mode, on se trouve parfaitement coiffé, d'autant mieux que le chapeau devient de jour en jour coiffure, plutôt que chapeau.

Il faut pourtant consulter sa physionomie, pour savoir quelle coupe de chapeau lui convient. C'est principalement la garniture de l'intérieur de la passe qui s'entend le mieux avec l'air du visage. Il y a des intérieurs qui peuvent se passer d'ornement, d'autres qui ont besoin de touffes de fleurs et de rubans.

Un point de coquetterie plus utile et plus important encore que la coiffure, c'est la chaussure et la main.

Il n'y a pas de toilette élégante sans un petit soulier ou sans une bottine irréprochables.

La main doit être également gantée par *Jouvin*, dans une peau de chevreau bien fine et bien souple, ou dans une peau de Suède de qualité supérieure. Le gant de Suède est devenu, pour l'été, le gant de la femme distinguée. Il faut une certaine position de fortune pour se permettre le gant de Suède, car il ne peut se mettre qu'une seule fois.

Le petit soulier à talons et à bouffantes de rubans est adopté par quelques élégantes ; mais la bottine

tient toujours bon, et je ne comprends le petit soulier que pour la femme qui sort en équipage.

VII

DE LA TOILETTE DE GRAND DINER.

La toilette de grand dîner ressemble à une toilette de concert. Dans un certain monde, quelques
femmes élégantes se mettent en robe décolletée et
en guirlande de fleurs, parce qu'après le dîner il
y a toujours une petite sauterie, et qu'on fait de la
musique.

La femme coquette ne doit jamais se laisser surprendre. Je ne sais rien de plus désagréable que
d'arriver dans une réunion, en grande toilette
parée, quand toutes les dames ne sont qu'en toilette
ordinaire.

Aussi, toute maîtresse de maison devrait-elle
trouver une formule d'invitation qui indiquât à ses
invités le degré de toilette qu'ils pourraient faire.

De toute manière, la toilette de dîner en ville est
une toilette élégante, et plus habillée mille fois que
la toilette de promenade. On peut y dépenser un
luxe modéré de bijoux. Je n'aime pas beaucoup les
bijoux en profusion, car je trouve que la femme qui
les porte ressemble à une montre de boutique de
bijouterie. Je comprends les diamants et les bijoux
artistiques qui ne se trouvent pas partout.

L'autre jour, dans un grand dîner, j'ai aperçu
trois jeunes femmes qui avaient chacune trois

broches différentes, mais dont le modèle, je l'ai su depuis, est la propriété exclusive d'un bijoutier appelé *Bassot*, qui demeure rue de la Paix.

En faisant l'éloge de chaque broche, ce sera le plus gracieux compliment que j'enverrai à ce bijoutier de talent, qui ignorera peut-être qu'il a eu les honneurs de mon Manuel.

La première broche représentait un œillet paré de rubis et de brillants, un œillet, un véritable œillet, panaché, frisé, recourbé, souple, naturel, veiné. C'était à défier le plus bel œillet de la collection célèbre d'Alphonse Karr.

La seconde broche s'épanouissait en lys, rien qu'en brillants, avec étamines d'or et feuillage vert en émail.

J'aurais beaucoup à dire sur ce lys; mais j'écris un livre sur la toilette, et non pas un souvenir de cœur.

Passons à la troisième broche.

C'était une branche de fluxias en émail de nuance naturelle, bien ouverts, et retombant en longues étamines de brillants; des boutons à moitié éclos se mêlaient au feuillage et au branchage en émail lustré et pur, comme celui de l'arbuste.

Voilà ce que j'appelle des bijoux artistiques, des chefs-d'œuvre, des merveilles.

Pour toilette de grand dîner, le petit gilet est admissible, mais il faut qu'il soit en dentelle, en taffetas ou en moire, rehaussé d'une riche et luxueuse garniture de boutons. J'aime assez la robe décolletée, avec le canezou de dentelle noire ou de dentelle blanche.

Le canezou se fait à basques arrondies et à petit

caraco derrière ; c'est très-séyant pour la taille, car la dentelle a un prestige toujours éblouissant dans la toilette.

Bien que les robes à disposition de rayures et de guirlandes soient très en faveur, je trouve qu'une robe de taffetas gris-perle, ornée de quatre volants de chantilly, séparés chacun par quatre petits velours noir, est la plus délicieuse robe à disposition qu'une élégante puisse porter.

La dentelle miroite si vaporeusement sur la soie, et elle est élégante en même temps que coquette.

Je ne sais rien de plus séyant qu'une barbe de dentelle noire, posée très en arrière et se jouant sur de blanches épaules. Sur cette barbe on jette une fleur, un ruban, et avec un rien on obtient une coiffure charmante.

Les mains surtout doivent être habilement soignées, et je sais qu'avec une petite poudre orientale, on peut lustrer et carminer admirablement bien les ongles.

La chaussure de toilette de dîner est toujours une chaussure fine et légère, presque toujours en soie, avec bas imitant un réseau de dentelle, sur lequel on pose des fleurs de broderie en relief.

Si j'insiste sur tous ces détails, c'est qu'ils me paraissent indispensables.

Comme étude de toilette, je dirai plus. La jupe d'une robe pour toilette de grand dîner ou pour toilette de concert doit être plus longue que pour toilette de promenade, et décrire par derrière une toute petite queue. Une semblable jupe donne une très-jolie tournure dans un salon, quand on ne danse pas et qu'on se promène.

VIII

DE LA TOILETTE DE CONCERT.

Il y a concert et concert, c'est-à-dire concert public et concert de salon : par conséquent il y a deux catégories de toilettes de concert.

Pour les concerts publics, je n'aime pas les femmes qui se mettent en petits bonnets à fleurs ou en cheveux. Je trouve le chapeau beaucoup plus convenable, d'autant mieux qu'on le fait aussi diaphane et aussi vaporeux qu'un bonnet de blonde ou de tulle. Un petit chapeau tout bouillonné en tulle illusion ou bien coquillé avec de la blonde me paraît charmant, orné de touffes de marabouts ou de touffes de narcisses à cœur de marabouts, retombant en étamines. Le chapeau blanc a toujours plus d'éclat aux feux des lumières, que le chapeau rose ou bleu. L'une de ces deux nuances, si jolie et si pure, éclairée par les rayons du soleil, perd toujours de sa fraîcheur à l'éclat des bougies et des becs de gaz.

Comme toilette, je trouve que la robe ne doit être ni de nuance trop douce, ni de nuance trop foncée. On peut se permettre une actualité en vogue ; je n'ose pas parler du gilet, car les concerts publics sont maintenant remis à l'hiver prochain, et qui sait, d'ici-là, ce que sera devenu le gilet ? Je préfère aussi le cachemire à la confection de velours, parce que le cachemire se jette en arrière, sans prétention aucune, et dégage la taille sans avoir l'air de dire : « Regardez, comme je suis bien faite !... »

C'est principalement pour un concert public, concert de bonne compagnie et de grand monde, que je comprends le cachemire indien, brodé de hautes palmettes d'or ou d'arabesques en soie de couleur. Ces petits cachemires se portent carrés, ayant une haute bordure sur fond bleu de Syrie, rouge de l'Inde, vert turc et rose d'Arménie. Quoi qu'on en dise, et tout en rendant justice à nôtre industrie française, le coloris indien a des teintes plus douces et plus exceptionnelles que le coloris français. L'imitation, quelque parfaite qu'elle soit, restera toujours en arrière. Quelques-uns de ces petits cachemires très en vogue parmi les élégantes se brodent aussi de soie jaune imitant l'or. C'est une luxueuse fantaisie que quelques dames peuvent se permettre.

Aussi, je conseillerai plutôt le cachemire des Indes, sérieux et positif, aux femmes qui n'ont pas le loisir de se passer un caprice.

Il ne faut pas surtout qu'une femme en cache-mire ou en chapeau s'avise d'emporter à un con-cert public un bouquet de fleurs ni un éventail. L'éventail est un genre. Or, une femme qui fait du genre en public se fait immédiatement mal juger. Que de jeunes femmes s'attirent souvent une inso-lence sans le vouloir et sans savoir comment elles ont pu exciter l'admiration d'un imbécile !... Cela tient presque toujours à un rien, à la manière de se poser, de regarder, d'applaudir et de sourire.

Lorsqu'on se trouve dans un salon particulier, une jolie femme peut rire ; mais en public, c'est différent. Il faut qu'elle soit froide et indifférente, tout en étant gracieuse et bienveillante. La toilette de concert de salon est au contraire une toilette de soirée. Les robes décolletées et les guirlandes de fleurs y sont admises. Une femme vraiment élégante ne porte jamais, pour aller à un concert de salon, que des fleurs naturelles. La fleur naturelle a toujours plus de poésie que la fleur artificielle, et c'est un cachet de bon goût qui révèle immédiatement la femme aristocratique et éminemment distinguée. La coiffure de fleurs artificielles est indispensable pour un grand bal, à moins qu'une jeune femme ne consente à danser très-peu et à se retirer, comme Cendrillon, au coup de minuit.

Les femmes qui tiennent à conserver longtemps une réputation de beauté hors ligne ne doivent faire dans un salon que de très-courtes apparitions, Ces femmes-là posent en fées, en sylphides, en visions. Elles se montrent dans tout leur éclat, comme des reines de théâtre, sans qu'on ait eu le temps de s'apercevoir de leurs imperfections ou des artifices de la coquetterie.

Les femmes qui se sacrifient à la danse et qui, pour l'amour d'une polka ou d'une valse, froissent et flétrissent leur toilette et dérangent leur coiffure, ne laissent jamais de souvenirs poétiques et idéals.

Donc je trouve que les fleurs naturelles sont mille fois préférables aux fleurs artificielles. Je connais une très-jolie Parisienne qui s'habille tous les hivers en robe de tarlatane recouverte soit de volants découpés, soit de volants en point d'Angleterre. Ce qu'elle a de toilettes de tarlatane ne peut se dire. Quelques femmes jalouses et envieuses prétendent que c'est toujours la même toilette ; mais c'est une calomnie, car chaque robe est toujours fraîche, et la tarlatane vit ce que vivent les roses. Je l'ai aperçue cet hiver avec trois toilettes de tarlatane, différant entièrement l'une de l'autre.

La première toilette avait cinq volants bordés d'une ruche de tulle illusion, décrivant des ondulations. Le corsage très-décolleté s'évasait par devant comme une petite veste, et avait des basquines découpées, ruchées de tulle. Une petite pièce toute bouillonnée de tulle masquait l'ouverture du corsage. Sur cette pièce s'épanouissait un bouquet de boutons de roses pourpre, mêlés à de la petite bruyère blanche. Il va sans dire que ces fleurs étaient naturelles. La guirlande consistait en des touffes de roses et de bruyère, soutenues par un petit cordon de bruyère blanche. Comme bijoux, la belle jeune femme portait une rivière de rubis et de fleurs de muguet en brillants. A chaque bras s'enroulait un riche bracelet, l'un tout pavé en brillants, et fermé par une rose en rubis avec feuillage d'émail vert ; l'autre représentant de larges anneaux arméniens en rubis et brillants.

La seconde toilette, toujours en tarlatane, avait trois splendides volants de point d'Angleterre. Le corsage, très-décolleté, avait une berthe de dentelle, relevée sur les épaules et sur la poitrine par une fleur de camélia blanc ; dans les cheveux, et d'un seul côté, une branche de camélias blancs avec boutons à demi éclos. A son cou resplendissait un collier de perles fines attaché avec une plaque en brillants. Au bras droit, un semblable bracelet de perles fines ; au bras gauche, un bracelet représentant un serpent en or, ayant des anneaux de brillants montés à jour.

La troisième toilette n'avait que quatre volants de tarlatane, découpés seulement à l'emporte-pièce. Au corsage de style Louis XV, il y avait sur la pièce de poitrine trois broches représentant trois camées roses, enrichis de brillants.

Pour coiffure, un diadème de camées roses.

Voilà ce que j'appelle de la simplicité élégante et luxueuse.

Quelques jeunes femmes vont aussi au concert en redingote de tarlatane, ayant des volants doublés de taffetas rose. Pour faire accepter ce sans-façon de mise, elles prétextent une migraine ou des vapeurs ; mais personne n'en est dupe. Une semblable toilette me paraît plutôt une toilette de salon qu'une toilette de concert.

Le monde ne pardonne jamais un ridicule, du moment qu'on se livre à lui. Il faut donc que les femmes qui vont dans le monde deviennent ses très-humbles esclaves.

IX

DE LA TOILETTE DE BAL.

Le bal est le plus grand prestige de la beauté. C'est là que s'établissent les réputations d'élégance, et que la femme commande en souveraine. Mais, si le bal fait valoir les perfections et les grâces, il est très-souvent l'écueil de ces mêmes perfections et de ces mêmes grâces.

Beaucoup de femmes s'imaginent pouvoir adopter telle ou telle coupe de robe de bal, et c'est là l'une de leurs plus grandes erreurs. Telle jeune femme est mince et frêle, c'est un roseau, une liane, pour parler le langage de la poésie ; telle autre au contraire, digne du ciseau de Praxitèle, a des formes modelées et rondes. Sa taille est accusée et pleine de puissance et de jeunesse. Pensez-vous que la robe qui siéra admirablement à la jeune femme svelte et flexible irait par hasard à ma statue de Praxitèle ? Du tout. La toilette n'est pas absolue, mais bien relative, et c'est ce que je ne saurais trop dire aux jeunes femmes qui veulent être jolies au bal.

Il y a aussi quelques femmes qui n'ont plus vingt ans, et qui n'en sont pour cela que plus belles, qui ont la faiblesse de s'habiller en jeunes filles à marier.

Par cela même que rien n'est vrai dans leur toilette et que l'élégance est heurtée, elles ne sont pas élégantes.

Je me souviens d'un bal où une jolie paysanne obtint presque les honneurs de la soirée. Elle avait une robe de moire rose faite à la mode de son village, et un coquet bonnet de dentelle retombant en barbe, flottant par derrière. Si la paysanne s'était habillée en duchesse, elle eût été ridicule et déplacée.

Restons donc ce que nous sommes, et habillons-nous selon notre physionomie et selon notre tournure. Une femme un peu forte s'enveloppant d'une toilette soufflée de volants et de flots de tulle ne sera jamais poétique ni vaporeuse, quoi qu'elle fasse. Si elle met une robe d'étoffe lourde qui tombe bien et qui dessine sa beauté dans toute sa splendeur, alors elle deviendra élégante.

La femme très-maigre qui se décollette par trop commet une grande hérésie de coquetterie. Elle doit draper ses épaules avec une écharpe de tulle, servant de transparent invisible.

Au bal tout se remarque et tout se retient. Une inconséquence en fait de toilette perd une femme. Il faut que tout soit irréprochable; et cependant avec une toilette bien comprise et bien étudiée, on obtient, même avec de la simplicité, une admiration sincère.

Pour être jolie et gracieuse au bal, comme partout ailleurs, il ne faut pas être gênée dans ses vêtements ni dans sa chaussure. La souffrance se trahit toujours, la figure s'altère, le sourire se transforme en grimace ; et puis c'est une erreur profonde que de s'imaginer qu'on s'amincit en se serrant : on s'estropie, on se déforme, et voilà tout. Il n'y a que les femmes réputées femmes à la mode qui peuvent se permettre les excentricités de la fantaisie.

Cet hiver, les gazes lamées d'or et d'argent ont fait fureur. Il fallait être très-élégante pour porter une semblable robe. Une femme grasse et commune, affublée d'une robe lamée, eût ressemblé à une saltimbanque de foire de village.

La mode se transformant et se renouvelant sans

cesse, je ne peux pas dire positivement les toilettes qu'on peut porter.

J'engage principalement mes lectrices à consulter plutôt ce qui leur sied, que de suivre positivement ce que l'on appelle *la mode*.

Ce qui doit préoccuper avant tout une jeune femme, dans une toilette de bal, c'est l'harmonie des nuances. Ce qu'il faut qu'elle évite avec soin, c'est l'opposition heurtée : l'opposition ne produit jamais rien de gracieux.

Je connais quelques jolies femmes qui ont porté du rose avec du bleu, parce que la mode avait proclamé le pompadour à l'ordre du jour.

La mode se trompe très-souvent, et c'est une des conséquences de la légèreté de son inconstance.

Sur une robe rose j'aime le jasmin, la clématite, la bruyère, ou le camélia blanc, de même que sur une robe bleue, les liserons des champs, les pâquerettes et les roses blanches me semblent des fleurs délicieuses.

Sur une robe blanche toutes les fleurs, quelles qu'elles soient, sont admissibles.

Le noir et le blanc, étant deux nuances abstraites, se prêtent plus complaisamment aux caprices de la fantaisie.

Ces deux nuances, entièrement discordantes ont un rapprochement singulier. Ainsi les fleurs qui vont sur le blanc vont également sur le noir, telles que les fleurs des champs, les grappes de fleurs rouges, les fleurs jaunes, les fleurs violettes.

La coiffure en cheveux est immense pour une toilette de bal. D'une coiffure dépend presque toujours la grâce de la figure et de la physionomie : c'est donc une étude à faire.

Je recommande encore M. *Eugéne Mainnier*, jeune coiffeur habile et intelligent, qui devine rien qu'au coup-d'œil ce qui sied et ce qui embellit toujours le visage. Telle femme est horrible avec des papillotes ou des crépés à la duchesse, et telle autre est adorable coiffée ainsi. Une toilette de bal est toute une science. Sur les épaules et sur les bras, une coquette jette de la poudre de riz parfumée, et pour que cette poudre ne s'envole pas il faut qu'elle ait le concours du *cold-cream*, ou de quelque pâte savante. Toutes les femmes emploient ces petites ruses; elles s'en défendent comme d'un crime, et j'engage mes lectrices qui en usent de ne jamais l'avouer même à leur mari.

Ainsi donc, Mesdames, ou plutôt mes chères lectrices, le Manuel de la toilette se résume en deux mots : *Être jolie!*..... Je vous ai dit à peu près comment s'obtenait la beauté : soyez donc jolies!..... Sans doute mon Manuel ne vous servira pas pour le devenir.

FIN

TABLE.

FIN DE LA TABLE.